A Revolução Francesa explicada à minha neta

FUNDAÇÃO EDITORA DA UNESP

Presidente do Conselho Curador
Mário Sérgio Vasconcelos

Diretor-Presidente
Jézio Hernani Bomfim Gutierre

Superintendente Administrativo e Financeiro
William de Souza Agostinho

Conselho Editorial Acadêmico
Danilo Rothberg
João Luís Cardoso Tápias Ceccantini
Luis Fernando Ayerbe
Marcelo Takeshi Yamashita
Maria Cristina Pereira Lima
Milton Terumitsu Sogabe
Newton La Scala Júnior
Pedro Angelo Pagni
Renata Junqueira de Souza
Rosa Maria Feiteiro Cavalari

Editores-Adjuntos
Anderson Nobara
Leandro Rodrigues

Michel Vovelle

A Revolução Francesa explicada à minha neta

Tradução
Fernando Santos

©Éditions du Seuil, 2006

Título original em francês *La Révolution Française expliquée à ma petite-fille*

© 2005 da tradução brasileira:

Fundação Editora da Unesp (FEU)
Praça da Sé, 108
01001-900 – São Paulo – SP
Tel.: (0xx11) 3242-7171
Fax: (0xx11) 3242-7172
www.editoraunesp.com.br
www.livrariaunesp.com.br
feu@editora.unesp.br

CIP – Brasil. Catalogação na fonte
Sindicato Nacional dos Editores de Livros, RJ

V9534

Vovelle, Michel, 1933-
   A Revolução Francesa explicada à minha neta/Michel Vovelle; tradução Fernando Santos. – São Paulo: Editora UNESP, 2007.
   Tradução de: La Révolution Française expliquée à ma petite-fille
   ISBN 978-85-7139-776-7

   1. França – História – Revolução, 1789-1799. 2. França – Civilização – 1789-1799. 3. França – Condições sociais – Século XVIII. I. Título.

07-2526.   CDD: 944.04
                          CDU: 94(44) "1789/1799"

Editora afiliada:

Asociación de Editoriales Universitarias
de América Latina y el Caribe

Associação Brasileira de
Editoras Universitárias

Gabrielle, que mora em Pisa, na Itália, concordou em dedicar algumas horas, durante suas férias na França, para examinar comigo, seu avô, essa Revolução Francesa que eu ensinei durante quarenta anos. Se formos bem-sucedidos, será uma forma de nos conhecermos melhor...

*A Gabrielle, minha primeira neta,
cúmplice destas conversas;
àqueles que ainda vão crescer,
Marie, Camille, Matthieu, Guillaume,
e a todos os outros...*

*Guardo carinhosamente a medalha
deixada por meu pai, Gaétan Vovelle, professor
primário (1899-1969), a qual traz
a seguinte inscrição: "Todas as crianças
do mundo são meus filhos".*

Sumário

1. Revolução Francesa: uma revolução diferente das outras   9

2. Por que aconteceu a Revolução?   21

3. Uma monarquia constitucional   39

4. A queda da monarquia   57

5. A Primeira República   67

6. O Diretório: terminar a Revolução?   85

Conclusão: A sombra e a luz da Revolução   99

Capítulo 1
Revolução Francesa: uma revolução diferente das outras

– Você ouviu falar da nossa "Grande Revolução"? Isso significa algo para você?

– Pouca coisa; com catorze anos, acabei de passar para o "Curso Clássico", e ainda não estudei essa matéria.

– Não se preocupe. Mesmo que já tenham ouvido falar do assunto, tenho certeza de que, para um grande número de estudantes franceses de sua idade, trata-se de uma história complicada e distante, cheia de acontecimentos e de personagens. Alphonse Aulard, um historiador que viveu há mais de cem anos, escreveu: "Para compreender a Revolução Francesa é preciso amá-la". Primeiro vamos tentar compreendê-la; depois veremos se, no final do jogo, nós a amamos... Para isso, seria bom se você me fizesse perguntas...

– *Mas eu não sei direito o quê perguntar...*

– Eu bem que desconfiava; mas tenho certeza de que as perguntas surgirão: é só começar bem.

– *Vovô, o que é uma revolução?*

– Você começou a estudar latim; já ouviu falar de Espártaco? Espártaco vivia na Antiguidade, no tempo da República romana, antes da nossa era. Sendo ele mesmo um escravo, liderou a revolta dos escravos contra seus senhores. Mas os escravos foram derrotados e mortos. A revolta de Espártaco deixou sua marca na história, mas é uma entre as milhares de revoltas dos oprimidos contra os opressores.

– *A Revolução Francesa é uma revolta de escravos como a de Espártaco?*

– Não, a Revolução Francesa ocorre em 1789 em meio a uma série de revoluções – em Genebra, na Bélgica, nos Países Baixos...

A mais importante é a revolução norte-americana, isto é, a revolta das treze colônias inglesas da Costa Leste da América do Norte contra sua metrópole, entre 1776 e 1783. Ela deu origem aos Estados Unidos de hoje. Diferentemente da revolta, a revolução muda o curso da história em um país.

– *A Revolução Francesa, então, é apenas uma revolução como as outras?*

– De fato, é uma revolução entre outras, e nós, franceses, sempre fomos criticados por querer tratá-la, orgulhosamente, como algo à parte, atribuindo-lhe uma importância especial. Para compreender, porém, é preciso começar examinando como e por que tudo começou. E a resposta não é simples. Desde o começo, os revolucionários deram o nome de "Antigo Regime" ao mundo que eles haviam destruído, como se quisessem virar a página e começar uma nova aventura. Esse Antigo Regime era o reino da França, uma monarquia sob o reinado de Luís XVI e de sua esposa, Maria Antonieta. Luís XVI não era uma má pessoa; embora não tivesse grandes qualidades, era bem intencionado. Ele não conseguiu manter seus ministros competentes – Turgot, Necker etc.

– nem defender as reformas propostas por eles. Isso porque havia uma forte resistência por parte dos privilegiados, e a crise era grave.

– O que quer dizer privilegiados?

– Na França do Antigo Regime não havia igualdade; a sociedade estava dividida em ordens, que tinham mais ou menos privilégios: à frente vinha o clero, a Igreja Católica, a única que tinha o direito de ensinar a religião, mas que também era muito rica em terras e rendas. Mais ricos ainda eram os aristocratas, que compunham a ordem da nobreza. Eram proprietários de pelo menos um quarto das terras, favorecidos por privilégios honoríficos e também fiscais. Orgulhosos de seus títulos, serviam nos exércitos do rei, mas na maior parte do tempo ficavam sem fazer nada em seus castelos ou na cidade, sendo que os mais notáveis moravam na corte do rei, em Versalhes. Entre eles havia alguns muito ricos e outros menos. Alguns haviam conquistado seu título de nobre adquirindo um cargo de magistrado: era a nobreza togada. Quer sua nobreza fosse antiga ou recente, as reivindicações dos nobres tinham origem na época medieval do feudalismo, isto é, de um período em que a estrutura política do reino estava baseada em relações de vassalagem: o proprietário do feudo, chamado vassalo, e todos que ali viviam e trabalhavam deviam fidelidade e respeito ao senhor, em geral um nobre. Esses senhores haviam dominado um campesinato de servos, camponeses ligados à terra que deviam torná-la produtiva. No final do século XVIII, porém, quase não havia mais servos na França: os camponeses eram livres e geralmente donos de suas propriedades, que representavam, no total, quase metade das terras da França. Continuavam existindo, entretanto, as obrigações e as taxas: eram os direitos feudais e de senhorio, pagos em dinheiro ou em espécie, os quais às vezes eram muito pesados, como a "jugada" – após a colheita, os enviados do senhor recolhiam dos campos um feixe em cada dez, ou em cada doze ou catorze. Os senhores haviam conservado direitos honoríficos, sua própria justiça, seus lugares na igreja e o direito de caça.

– *Como os camponeses suportavam isso?*

– Como aguentavam quase todo o peso dos impostos reais, eles sofriam muito com as humilhações. Eles se mobilizavam

Michel Vovelle

para defender seus direitos, que os nobres tinham a tendência de usurpar, chegando às vezes a se revoltar: em especial nas épocas de escassez, para protestar contra o alto preço do pão. E eles não eram os únicos, pois tanto para os operários das cidades quanto para eles o pão era o alimento principal, consumindo metade do salário diário de uma família. Você, que não pode comer pão em excesso, o que acha disso?

– *O que eu gostaria de saber mesmo é o que é escassez!*

– No grande reino da França, com 28 milhões de habitantes, havia planícies férteis como nos arredores de Paris, e regiões muito mais pobres, nas montanhas, por exemplo. Por toda parte, porém, o trigo para fazer pão era uma necessidade básica: bastava o tempo provocar uma ou várias colheitas ruins para que o preço disparasse, a miséria se instalasse e a revolta explodisse; é o que se chama de "agitação popular". Embora essas crises e a mortalidade causada por elas houvessem diminuído no século XVIII, elas continuavam existindo, e foi isso que aconteceu em 1788 e 1789: às vésperas da

Revolução, explodem revoltas em várias províncias e as cidades se agitam.

– *E foi isso que causou a Revolução?*

– Sim e não. Falamos, com razão, dos camponeses; eles representam três quartos da população, mas não ocupam o espaço todo ao lado das duas primeiras ordens. Eles fazem parte da terceira ordem, chamada Terceiro Estado: moradores das cidades e do campo, ricos e pobres, que constituem, no total, 95% dos franceses. Todos – sobretudo os pobres, é claro – foram atingidos pela crise; porém, como dizia um dos meus professores, a cada dois anos acontece uma crise, mas não acontece uma revolução cada vez que há crise. É uma das causas, mas não é a única.

É preciso voltar o olhar para as cidades para perceber de onde vem a ameaça da cólera e as demonstrações de insatisfação. Com seiscentos mil habitantes, Paris é uma cidade grande, certamente a terceira do mundo.

– *Quais são as outras duas?*

– Londres e, provavelmente, Pequim. Voltemos à França, onde há outras cidades grandes (Lyon, Marselha, Bordeaux), além de muitas cidades pequenas e vilarejos. Nelas encontramos uma multidão de pessoas do povo, de mendigos a trabalhadores diaristas, mas também artesãos e comerciantes – diz-se "a barraca e a lojinha" –, membros de corporações que reúnem mestres e operários autônomos. Há também uma burguesia afluente composta de negociantes por vezes muito ricos nos portos, de banqueiros, de empresários do setor têxtil ou da nascente metalurgia. No interior dessa burguesia, um grupo não deve ser esquecido: os advogados, os funcionários da justiça e os médicos. Hoje seriam conhecidos como intelectuais e profissionais liberais. Não os perca de vista, pois vamos cruzar com eles novamente.

Pois, embora ainda não possua, de fato, o perfil que lhe dará a Revolução Industrial do século seguinte, a burguesia aproveitou-se enormemente do desenvolvimento econômico do século XVIII, com o desenvolvimento do comércio marítimo. Ela tem novas aspirações e novas ambições. Um dos futuros porta-vozes da Revolução, Barnave, escreverá que a uma nova distribuição de riqueza deve corresponder uma nova distribuição de poder... Você sabe que muito se escreveu e muito se leu durante o século XVIII, o que lhe valeu o título de Século das Luzes. Você ouviu falar disso na Itália?

– Claro que ouvi... Ilumi, Iluminismo... Mas o que isso quer dizer exatamente?

– É uma ampla corrente de ideias que toma conta da Europa. De Nápoles a Milão, tivemos representantes brilhantes: todos eles leram o tratado *Dos delitos e das penas*, no qual seu jurista Beccaria denunciava a tortura e os castigos inúteis ou injustos. Vozes importantes também se fizeram ouvir da Inglaterra à Alemanha. Na França, Montesquieu, Voltaire, Rousseau, Diderot, cada um com seu estilo, fizeram ressoar a voz da filosofia. Contra a intolerância religiosa e em defesa das liberdades, contra o arbítrio do absolutismo e em defesa de um regime político em que os cidadãos, protegidos por uma Constituição, participam da administração do Estado. Os jornais – ainda chamados geralmente de gazetas –, mas também as associações divulgam essas ideias: as classes populares tomam conhecimento delas de forma simplificada; nessa época, mais da metade da população adulta francesa sabe ler e escrever (o que é possível perceber pela assinatura)...

– *Não é muita gente... ou é?*

– Para nós pode parecer pouco. Ainda mais se levarmos em conta a desigualdade entre homens e mulheres, bastante prejudicadas, ou entre as regiões – o Norte é mais instruído que o Sul... Em termos de Europa, porém, a França não está em uma posição ruim. E assiste-se, nas cidades, ao surgimento de uma opinião pública cujos ecos chegam ao campo.

– *Então os ricos e os pobres estão todos de acordo... contra o quê?*

– Não vamos nos apressar. As coisas não são tão simples como parecem. A revolução que está sendo preparada será, como se disse, filha da miséria ou da prosperidade? Michelet, um de nossos grandes historiadores do século XIX, evocando a escassez e lembrando-se da Bíblia, voltava-se para o camponês: "Vejam-no deitado na imundície, pobre Jó...". Isso diz alguma coisa para você?

– *Sim, Jó é um infeliz a quem Deus faz passar por provações antes de recompensá-lo. Será que Michelet não está exagerando um pouco?*

– Trata-se de uma imagem, é seu jeito de escrever. Mais tarde, porém, no início do século XX, Jean Jaurès, outro grande historiador, de maneira resumida, disse o seguinte: não, não foi a miséria que fez a revolução, foi a vontade daqueles cujo papel e riqueza os impeliam a assumir seu verdadeiro lugar na sociedade, os burgueses. Michelet e Jaurès: quem está errado, quem está com a razão?

– *Vovô, você é que tem de responder!*

– Os dois têm razão. A prosperidade do século não foi compartilhada por todos. A miséria contribuirá para mobilizar não apenas as cidades, mas também os campos. Eles explodem em 1789 e, em 1795, uma nova crise irá causar destruição. Mas o "maestro da orquestra, a miséria" não representa a totalidade das reivindicações populares. Pobres ou ricos, os camponeses têm uma conta a acertar com o sistema feudal – ou com aquilo que sobrou dele –, e a revolução camponesa irá convergir, ao menos durante certo tempo, com a dos burgueses das cidades.

A elite rica e ilustrada tem seus próprios objetivos e metas de luta. Porta-vozes indicam-lhe o caminho: o abade Sieyès expõe o problema em um texto intitulado *O que é o Terceiro Estado?*. Esse Terceiro Estado, sobre quem recaem os impostos e as taxas, "hoje não é nada... e o que ele deseja se tornar? Tudo".

Capítulo 2
Por que aconteceu a Revolução?

– *Você explica bem as causas da Revolução, mas falta saber como explodiu... O que provocou, de fato, a Revolução?*

– Com as causas profundas, provenientes de um velho mundo carcomido, eu situei, de todo modo, a penúria de 1789. É verdade que acrescentei que ela não explica tudo. Pois há outras razões, as mesmas que foram dadas na época e eram as mais visíveis. Nem tudo corria bem no reino da França.

O rei Luís XVI era um monarca absoluto: consagrado na catedral de Reims, era o escolhido de Deus. Em meio aos cortesãos do Palácio de Versalhes, ele era a encarnação da lei, e os ministros só obedeciam a sua vontade. A Igreja Católica estava associada a seu poder e as outras religiões eram proibidas (os protestantes eram "tolerados" desde 1788), e intendentes administravam as províncias em seu nome.

Mas esse edifício, erguido ao longo de dois séculos por camadas sucessivas, jamais fora organizado: os limites administrativos encobriam um emaranhado de privilégios, a justiça era exercida por magistrados que eram proprietários de seus cargos – em Paris ou no restante do país – e os quais pretendiam ter o direito de supervisionar as decisões reais. Embora tivessem sido contidos, sua resistência voltou a se manifestar às vésperas da Revolução, e eles, que teoricamente estavam a serviço do rei, iriam contribuir para a crise do regime e para o desencadeamento da Revolução. Pois havia um grave problema financeiro. Os tributos recaíam basicamente sobre o Terceiro Estado: a talha era o único tributo direto, enquanto a capitação, estabelecida em 1695, recaía sobre todos os indivíduos de todas as ordens. Esses tributos eram mal repartidos e cobrados de maneira injusta; e, ao lado desses tributos diretos, havia os impostos que o rei arrecadava sobre diversos produtos: o mais impopular, a gabela, era aplicada ao sal, um gênero de primeira necessidade...

– Por que especialmente o sal?

– Você sabe muito bem que não havia geladeira no tempo de nossos antepassados. Eles só dispunham do sal para conservar a carne e outros alimentos. É preciso também mencionar o dízimo, um imposto específico aplicado às colheitas que o clero usava para as despesas do culto; mas ele era desviado com tanta frequência que os padres às vezes nem se beneficiavam dele. Como você pode ver, as pessoas não eram cobradas de maneira conveniente; só que isso também acontecia na hora das despesas. A monarquia não tinha previsões rigorosas de gasto – o que conhecemos como orçamento: dessa forma, o próprio rei podia lançar mão diretamente dos impostos para atender às necessidades de seu padrão de vida e do da corte de Versalhes. Dizia-se que a rainha Maria Antonieta era uma perdulária. O luxo dos privilegiados era uma ofensa à miséria dos pobres. A isso vem se somar, nos anos 1770-1780, a guerra de independência das colônias inglesas da América, que contou com apoio do rei da França...

– Mas isso é uma coisa muito simpática... Qual o problema, então?

– É que esse apoio saiu muito caro. E assim a dívida aumentou e o rei tinha de cobrar novos impostos; mas o prejuízo era tão grande que todo o sistema tinha de ser inteiramente modificado.

Eu já havia dado uma pista lá no começo: Luís XVI, que em 1789 completava 25 anos de reinado, não teve força para implantar as reformas. Não vou retomar essa história toda, pois, talvez como você, tenho pressa em entrar na Revolução. Digamos que o rei não apoiou os ministros que lhe propunham uma reforma profunda das instituições, como Turgot, o mais reformista, que ele destituiu em 1774, seguido de Necker, Calonne, Loménie de Brienne e Necker novamente, em 1789: você certamente não precisa guardar esses nomes por ora, todos eles fracassaram. Isso porque seus esforços esbarraram na oposição dos privilegiados: da corte e dos príncipes – irmãos e parentes do rei –, das instituições importantes do Estado, que

Luís XVI convocara para apoiar as reformas: duas assembleias de notáveis e também as importantes cortes de justiça que eram os Parlamentos, em primeiro lugar o de Paris. Aproveitando momentaneamente o apoio da população, tanto de Paris quanto do restante do país, que os considerava defensores das liberdades contra o absolutismo do rei, eles bloquearam todas as tentativas de reforma, enquanto a crise piorava. Dessa forma, foram os privilegiados que, de certa forma, precipitaram os acontecimentos.

– *Quer dizer, então, que o povo estava enganado a respeito deles?*

– A ilusão não durou muito tempo. Quando se trata do ano de 1788 e ainda do início de 1789, os historiadores falam de "pré-Revolução" e alguns até de "revolução aristocrática", mas percebe-se, de fato, que estavam enganados. E, enquanto avançava, a opinião pública se educava. Quando, ao pedir ao rei a convocação dos Estados Gerais para resolver o problema das reformas, o parlamento de Paris caiu naquilo que se tornaria sua própria armadilha, surgiu uma grande esperança: o país iria ser ouvido...

– O que é a reunião dos Estados Gerais?

– Reunir os Estados Gerais era um modo antigo de o rei consultar seus súditos, ou, ao menos, os representantes das três ordens: fazia mais de dois séculos que ocorrera a última reunião. Ao mesmo tempo, uma grande novidade: os franceses tiveram o direito de se manifestar. E fizeram uso desse direito, já que foram estimulados a redigir cadernos de dolências por todo o país.

– O que isso quer dizer? É como se fosse uma súplica?

– Você quase acertou. Uma dolência é uma queixa – não se ousa dizer uma reclamação – submetida à boa-vontade do rei. Os franceses levaram muito a sério essa tarefa; cada ordem tinha seu caderno, e os membros do Terceiro Estado, nas aldeias ou nas corporações, relatavam suas misérias de maneira frequentemente emocionante, sendo às vezes "teleguiados" por pessoas instruídas que faziam passar reivindicações mais gerais. Nessa altura dos acontecimentos, os súditos ainda amam o rei, que é visto como uma espécie de pai, mas eles denunciam os abusos da administração e os direitos senhoriais; não se importam de pagar imposto, mas exigem o direito de controlá-lo por meio de seus representantes, e reivindicam o respeito pelas liberdades e o fim do arbítrio... Você pressente que existem vozes discordantes na nobreza... mas isso representa um testemunho claro da situação da França em 1789. É essa mensagem que os deputados das diferentes ordens foram apresentar em Versalhes, no mês de maio de 1789, após uma campanha eleitoral bastante intensa e disputada.

– *Como hoje em dia?*

– Não exatamente. Embora teoricamente todos os súditos pudessem participar, essa participação em geral se dava de maneira muito complicada. Vamos dizer que, mesmo assim, era um começo. E um acontecimento, como a abertura das sessões no dia 5 de maio de 1789, com o desfile de deputados, nobres e bispos vestindo roupas enfeitadas, enquanto os deputados do Terceiro Estado usavam um uniforme negro mais melancólico. Imediatamente começou a disputa: os membros do Terceiro Estado tinham conseguido, com o rei e o ministro Necker, o direito de ter o mesmo número de deputados que as duas ordens privilegiadas juntas (com a

1. 5 de maio de 1789. Abertura dos Estados Gerais em Versalhes. (Desenho de Monnet, impresso por Helman.)

Michel Vovelle

intenção de garimpar votos entre os padres ou os nobres liberais, que os havia), o que lhes dava a maioria... se todos votassem juntos. O rei, a corte e os privilegiados não interpretavam a coisa da mesma maneira, e queriam que cada ordem ficasse separada; nessas condições, o Terceiro Estado só tinha um terço dos votos.

Aconteceram tantas coisas que não sou capaz de contar tudo: o rei repreende os deputados e seu mestre de cerimônias quer retirá-los do salão; um dos oradores do Terceiro Estado, o já famoso Mirabeau, lhe responde: "Estamos aqui pela vontade do povo, e só sairemos com a força das baionetas". Mais importante ainda: no dia seguinte os deputados encontram a porta fechada. Eles "invadem" uma sala vazia ao lado, um lugar de jogar pela (isto é, uma espécie de tênis jogado em um salão), onde, espremidos, ouvem um de seus, o erudito Bailly; ele os faz prestar o juramento de não se dispersar antes de obter uma Constituição, isto é, um texto escrito que estabelece a organização do poder. O Juramento do Jogo de Pela de 20 de junho de 1789 é um ato verdadeiramente revolucionário, pode-se dizer fundador, que muda tudo. Os deputados do Terceiro Es-

A Revolução Francesa explicada à minha neta

tado proclamaram-se Assembleia Nacional, depois Assembleia Nacional Constituinte. Membros do clero juntaram-se a eles – os padres "patriotas", como começam a ser chamados. Em seguida o rei concordou que as ordens participassem juntas da Assembleia. Podia-se esperar que, com essa atitude, ele estivesse aceitando um começo de transformação pacífica: nesse meio tempo, contudo, ele reuniu tropas em torno da capital, onde o povo se mobilizava para defender os deputados em Versalhes (que fica bem próximo de Paris). Na verdade, o rei preparava um golpe arriscado: ao demitir o ministro Necker no dia 11 de julho, a revolta estourou. Em busca de armas, no dia 14 de julho os parisienses invadiram a Bastilha, antiga fortaleza medieval que se tornara uma prisão do Estado.

– *A Bastilha eu conheço. Mas o que é uma prisão do Estado?*

– É lá que o rei prendia, sem julgamento, aqueles que o contrariavam. Escritores, jornalistas (chamados de panfletários), autores de textos proibidos, indivíduos de mau comportamento, também, a pedido da família. Bastava uma carta régia com a ordem de prisão, sem acusação precisa nem processo. Ela se tornara o símbolo da arbitrariedade do rei. A bem da verdade, é preciso dizer que em julho de 1789 a prisão estava quase vazia, só havia meia dúzia de presos. Não eram eles que as pessoas queriam, e sim as armas. Uma multidão armada, composta sobretudo por artesãos e populares, além de soldados – os guardas do rei –, dirigiu-se à Bastilha: o diretor recusou-se a abrir os portões, houve uma batalha que provocou numerosas mortes entre os atacantes, mas eles acabaram se impondo e assassinando o diretor. A Queda da Bastilha no dia 14 de julho de 1789 é tão importante quanto o Juramento do Jogo de Pela, talvez até mais: quando os deputados estão sob a ameaça do golpe de força real, a entrada em cena do povo parisiense constitui o acontecimento mais importante, e vai caracterizar a Revolução que se inicia – é preciso que se diga – com a marca da violência, ainda que esta já estivesse presente antes.

– *As coisas não poderiam ter sido feitas de maneira diferente? É muito triste, e talvez injusto, todas essas mortes quando se queria construir um mundo mais justo.*

– Você toca bem no cerne do problema. Era possível evitar a violência ou ela era necessária? A tomada da Bastilha nos dá alguns elementos de resposta: sem essa mobilização, a situação ficaria bloqueada. Fica claro que é a recusa do rei, apoiado pelo partido da corte e pela oposição daqueles que serão conhecidos como os aristocratas, que tornou o caminho das reformas impossível. O rei sente-se solidário aos privilegiados; ele diz: "Não quero me separar do 'meu clero' e da 'minha nobreza'". Por causa disso, durante quatro anos ele vai usar de artimanhas, fingindo aceitar a nova situação, enquanto a força do movimento revolucionário afirma-se de maneira destemida, endurece, e a escalada começa.

Não gostamos de sangue, e temos razão de não gostar. Nossos antepassados também não gostavam: muitos ficaram horrorizados com o derramamento de sangue; por exemplo, quando foram assassinados, naqueles dias, o intendente da região de Paris (para simplificar, uma espécie de prefeito), Bertier de Sauvigny, e seu sogro. Babeuf, um jovem pobre que se tornaria mais tarde uma pessoa conhecida, escreve nessa ocasião a

2. 14 de julho de 1789, a Queda da Bastilha. (Gravura de Prieur.)

Michel Vovelle

3. Imagens populares representando as três ordens (Terceiro Estado, clero e nobreza), antes e depois da Revolução.

A Revolução Francesa explicada à minha neta

sua mulher: "Como essa alegria toda me incomodava... Os senhores tornaram-nos tão cruéis quanto eles...".

O país encontra-se dividido, nesse momento, entre dois sentimentos muito fortes: a esperança e o medo. Medo dos poderosos e dos príncipes, que começam a fugir para o exterior – serão chamados de emigrantes. Mas também, logo após o 14 de julho, um grande pânico, como nunca se vira nem nunca se veria, varre todo o país: foi o chamado Grande Medo. Um boato espalha-se pelas aldeias: os bandidos estão chegando, eles vão roubar e queimar tudo. Que bandidos? Pouco importa, o povo arma-se e passa adiante o rumor... Não passou de um sonho ruim. Podemos dizer que a esperança venceu: no dia seguinte ao 14 de julho o rei dirige-se a Paris, onde é recebido pelo novo prefeito (Bailly, aquele do Jogo de Pela), que lhe dá uma nova insígnia. Mais que um enfeite, trata-se de um símbolo: branco (como a bandeira da monarquia), mas claramente rodeado de azul e vermelho, as cores da cidade de Paris. A nação fica toda colorida, tricolor... (Na Itália, vocês seguiram o exemplo com o verde-branco-vermelho.) Poderia se ver ali o prenúncio de uma monarquia constitucional.

Capítulo 3
Uma monarquia constitucional

– *"Uma monarquia constitucional", que palavras complicadas... O que quer dizer "Constituição"?*

– Não, não é tão complicado assim... Luís XVI continua sendo rei à frente de uma monarquia. No entanto, ele não é mais soberano absoluto "pela graça de Deus", e sim "rei dos franceses", que lhe confiam esse cargo em nome da soberania nacional, isto é, do povo; os súditos se tornaram cidadãos. Ele terá de respeitar a Constituição, um texto que regulamenta o funcionamento das instituições levando em conta a vontade geral delegada a representantes do povo.

Os Estados Gerais, que se transformaram em Assembleia Nacional Constituinte, encarregam-se de redigir o texto, cujos princípios são anunciados, em agosto de 1789, na Declaração dos Direitos do Homem e do Cidadão.

Eles não perderam tempo: com a pressão popular, tiveram de tomar, urgentemente, medidas radicais. O que se viu foi a volta do Grande Medo, com castelos sendo incendiados em toda a França, enquanto os camponeses tocam fogo em todos os documentos senhoriais que fixavam o pagamento de impostos. Aterrorizados, os deputados pensaram, no primeiro momento, em reprimilos: porém, na noite de 4 de agosto de 1789 aconteceu o que frequentemente foi descrito como um "milagre".

– Na história acontecem milagres?

– Na verdade, não. Digamos que as classes favorecidas, tendo à frente os nobres "liberais" favoráveis à Revolução, conscientizaram-se de que era preciso tomar uma medida radical. Assim, apresentaram-se à tribuna da Assembleia para abrir mão de todos os seus privilégios (e às vezes dos privilégios do vizinho). É preciso reconhecer: quando a noite chegou ao fim, o feudalismo havia sido abolido do reino. Ou seja, era o fim da sociedade hierarquizada: acabavam-se as ordens da nobreza e do clero, as corporações e as academias; o que havia agora eram cidadãos livres e iguais perante a lei. Os direitos e os impostos feudais e senhoriais estavam abolidos – mas é possível perceber aqui até onde vão os limites da generosidade. Só desapareciam os direitos que recaíam sobre a própria pessoa; os que diziam respeito à terra podiam ser recuperados.

A destruição do Antigo Regime institucional e social era o prenúncio do importante texto da Declaração dos Direitos do Homem que apareceria algumas semanas mais tarde.

Foi a primeira etapa de um gigantesco trabalho de transformação e de renovação da França que essa Assembleia irá realizar.

Antes de relembrá-lo, vamos pôr as coisas em seu devido lugar. Trazida de Versalhes no dia 6 de outubro de 1789 por um cortejo de mulheres, a família real encontra-se agora em Paris, no Palácio das Tulherias. A Assembleia Nacional reúne-se próximo dali e começa a ter suas primeiras experiências políticas; ainda não se fala em partidos, mas os grupos já entram em confronto: à direita ficam os contrarrevolucionários e aristocratas, ou "negros"; no centro ficam os patriotas constitucionalistas, onde oradores como Mirabeau e Barnave se valorizam; e, à esquerda, alguns democratas, como Robespierre, se destacam. A vida política intensifica-se, com os jornais, os clubes e as reuniões políticas iguais aos da Inglaterra: instalado em um antigo convento, o clube mais célebre e influente é o dos Jacobinos. A província agita-se bastante: as antigas autoridades são derrubadas, é a "revolução municipal".

– *Então a Revolução acabou?*

– Ela mal estava começando. É bem verdade que, nessa data, surge uma nova França baseada em princípios novos. Em 1790 foi celebrado o 14 de Julho, uma das mais belas festas da Revolução, para comemorar o aniversário da Queda da Bastilha: é a festa da Federação, que reuniu em Paris centenas de delegações que vieram prestar juramento "à nação, à lei e ao rei"; um gesto de confiança na unidade nacional.

Você se recorda de que a Declaração dos Direitos do Homem e do cidadão havia sido aprovada em 28 de agosto de 1789, pouco depois da Queda da Bastilha: trata-se de uma data importante, não somente na história da Revolução Francesa, mas também na história da humanidade...

– *Isso nunca tinha sido feito antes?*

– Já, mas não com a amplitude da declaração francesa. Desde as revoluções do século XVII, os ingleses tinham uma declaração de direitos, mas não uma Constituição escrita; durante a guerra de independência, os norte-americanos haviam redigido declarações nos diversos estados. Mas a ambição do projeto francês já fica patente no título "Declaração dos Direitos do Homem e do Cidadão": não apenas as garantias individuais, mas as garantias do cidadão, agente da vida política da cidade. Depois, no início, as palavras admiráveis: "Os homens nascem e permanecem livres e iguais em direitos...". Você percebe? Não só os franceses de 1789, mas os homens de todos os países e em todas as épocas. Para um texto escrito bem no meio dos acontecimentos revolucionários na França, a originalidade está exatamente nessa pretensão à universalidade. A proclamação dos novos valores questiona a organização social do Antigo Regime. Você saberia definir o termo "valores" nesse sentido?

– *É aquilo a que a gente se sente ligado, em que confia...*

– Nada mal. São as ideias básicas sobre as quais se apoiam os homens que vivem em sociedade. Em primeiro lugar, a liberdade em suas diferentes formas. A mais simples é a liberdade individual, a liberdade de ir e vir e de agir, sem ser preso arbitrariamente quando não se faz nada de errado. Os ingleses foram os primeiros a proclamá-la... Os franceses a retomaram assegurando a segurança do indivíduo. Depois vem a liberdade de pensamento, de crença e de religião. Você se recorda de que na França do Antigo Regime a religião católica era a única autorizada, sendo, pode-se dizer, obrigatória. No Leste e no Sul, as comunidades judaicas tinham um estatuto humilhante; os protestantes, que se tentou converter à força no final do século XVII impedindo-os de praticar sua religião, haviam resistido em segredo, sobretudo nas regiões onde eram numerosos, como no Sul; porém, o reconhecimento de seu direito de culto, isto é,

A Revolução Francesa explicada à minha neta

o reconhecimento de sua existência e de seu estado civil, acontecera recentemente, em 1788. A Declaração dos Direitos afirma que "ninguém pode ser importunado por causa de suas opiniões, mesmo as religiosas".

– Que regra esquisita! Todo mundo tem direito de seguir a religião que quiser! Mas não era assim?

– É que os revolucionários estavam conscientes do peso do passado, e, de fato, os católicos e os protestantes continuavam se enfrentando no Sul. Embora esses últimos tenham-se tornado cidadãos plenos imediatamente, passaram-se vários anos até que os judeus fossem totalmente emancipados. Mas a liberdade religiosa é apenas um dos aspectos da liberdade de opinião e da liberdade de expressão, sendo seu prolongamento natural... para nós. O Antigo Regime proibia-a completamente. A Igreja denunciava os textos "imorais", antirreligiosos ou libertinos, a realeza censurava tudo que pudesse atacar a figura do rei ou a ordem estabelecida, a imprensa era vigiada e os livros clandestinos caçados. Os jornais e os tabloides eram proibidos ou severamente vigiados; e, no entanto, os anos que precederam a Revolução assistiram à multiplicação de textos que abordavam temas políticos. A Declaração dos Direitos proclama a liberdade de expressão – isto é, a liberdade de imprensa – tomando algumas precauções, mas os jornais se multiplicam, sejam eles pró ou contrarrevolucionários. Entre as liberdades proclamadas há uma que aprendemos a olhar com um pouco de reserva: é a liberdade de empreender, de produzir e de fabricar...

– *Você desconfia disso?*

– É que aprendemos, desde o século XVIII, que a liberdade absoluta nessa área pode se tornar um elemento de desigualdade e de opressão dos mais pobres, por causa da influência do dinheiro. Já naquela época havia duas visões opostas. Muitos teóricos, estadistas e economistas (um termo inventado então) elogiam a liberdade: "Nada de interferência, nada de obstáculos". Liberdade de circulação de produtos, em especial de cereais, em um país totalmente compartimentado por barreiras alfandegárias internas. Liberdade, para os grandes produtores agrícolas, de organizar o cultivo a seu modo, sem se subordinar às regras da aldeia; liberdade, para os artesãos e comerciantes, de se

A Revolução Francesa explicada à minha neta

estabelecer, eles que viviam sufocados pelos regulamentos das antigas corporações em crise... Uma liberdade ratificada pela Revolução, que tomará medidas para torná-la efetiva. Mas outra voz se faz ouvir: a dos grupos populares, tanto do campo como da cidade, que denunciam a livre circulação de mercadorias – considerada favorável à especulação –, rejeitam a liberdade de preços e exigem o "tabelamento", em primeiro lugar dos cereais e do pão; veremos, nos anos seguintes, qual será o desfecho disso. No campo, as aldeias defendem seus direitos comunitários; nas cidades, a crise aumenta a hostilidade dos menos favorecidos contra os burgueses: aqui, o problema das liberdades associa-se, mas em termos contraditórios, ao da igualdade. Como vimos, ela foi proclamada em segundo lugar, depois da liberdade.

– *Elas não andam juntas?*

– Não completamente. Temos a liberdade de ser ricos... ou de ser pobres. Por terem lido os filósofos, como Jean-Jacques Rousseau e seu *Discurso sobre as origens e os fundamentos da desigualdade entre os homens*, os revolucionários sabem muito bem disso. Eles defendem a igualdade de direitos entre os cidadãos: e essa liberdade é o resultado da abolição das ordens na noite de 4 de agosto. A maioria deles considera, porém, que não se deve mexer com a desigualdade de riqueza, inevitável. É por isso que eles puseram a propriedade como o terceiro direito fundamental, um direito sagrado.

– *Eu pensava que fosse a fraternidade.*

– Isso foi o que nos disseram, mas é no século XIX que a expressão clássica "Liberdade, igualdade, fraternidade" é consagrada, com o terceiro termo sendo acrescentado em 1848, por ocasião da Segunda República. A Revolução não ignora a fraternidade e a assistência aos menos favorecidos, mas o direito de propriedade não é contestado, mesmo nas oficinas modestas das cidades: o ideal é ser um produtor independente segundo suas posses.

Essas proclamações são alinhadas na Declaração dos Direitos sob o rótulo da soberania popular, exercida pela lei: "Um povo que não tem Constituição não é um povo livre". Mas os deputados não esperaram a Constituição ficar pronta para se dedicar à tarefa de reformar toda a estrutura da França...

Eles reconstruíram o país de cima a baixo: não apenas por meio de um esforço de modernização, como diríamos nós, mas sobre novas bases. Substituíram a miscelânea de esferas administrativas, judiciais e financeiras sobrepostas por uma divisão única em departamentos de área equivalente, subdivididos em distritos, estes em cantões e, finalmente, em comunas. Uma trabalheira! Chegou-se a pensar em dividir a França de maneira geométrica, como os Estados Unidos da América do Norte, mas finalmente acabou se respeitando a geografia, e os departamentos conheceram um belo futuro. As novas unidades administrativas foram instaladas nesse contexto, e é ali, na pirâmide dos poderes, que se manifesta o espírito da Revolução: tendo por base as câmaras municipais, elegiam-se as assembleias e os diretórios distritais, embora o governador tivesse um procurador síndico para representá-lo. Se quisermos comparar, poderíamos dizer que o sistema era bastante descentralizado e delegava o poder aos cidadãos...

– *É isso a democracia?*

– Devagar, senão você corre o risco de ficar desapontada quando completarmos o quadro. Em cada departamento, as assembleias locais deviam eleger deputados que participariam da Assembleia Legislativa, a qual substituiria a Assembleia Constituinte quando esta tivesse completado sua missão. Mas quem eram esses cidadãos?

– *Você já disse: todos os franceses...*

– Bem, não... de início fica de fora metade dos adultos, as mulheres, que não têm direito de voto; não podemos esquecer de retomar esse assunto. Por outro, os deputados – por intermédio do abade Sieyès – explicaram que, embora todos fossem cidadãos, alguns deles, os cidadãos ativos, eram mais cidadãos que os outros, os cidadãos passivos. As ordens não existiam mais, porém assistia-se ao surgimento de classes de acordo com a riqueza, já que era preciso pagar um imposto equivalente a três dias de trabalho para ser ao menos considerado cidadão ativo e, dessa forma, poder votar nas eleições locais e nacionais. E era preciso ser ainda mais rico para ser elegível, quer dizer, para poder ser eleito. Estou simplificando, mas o princípio é claro: trata-se do sufrágio (modo de eleição) censitário (de acordo com a riqueza). A barreira entre ativos e

A Revolução Francesa explicada à minha neta

passivos não era muito elevada, mas ela excluía pelo menos metade dos franceses, evidentemente das classes populares.

– *É injusto... E todo mundo concordava?*

– Não, já havia alguns deputados que defendiam a democracia, como Grégoire e Robespierre, dos quais falaremos mais adiante. No início, ninguém dava ouvidos a eles; com o passar do tempo, as ideias democráticas se disseminaram. Examinemos rapidamente as outras reformas – de maneira meio arbitrária, mas o tempo é curto –, pois não podemos perder o fio da Revolução!

A justiça foi completamente reformulada, sob novos parâmetros: os juízes passaram a ser eleitos. Na base, os juízes de paz resolviam os casos mais simples. A novidade mais importante foi a reforma dos castigos e das penas; a tortura foi abolida e os suplícios, geralmente horríveis, do Antigo Regime foram proibidos: foi com um propósito humanitário que um deputado altruísta chamado Guillotin fez que fosse adotada uma nova máquina para eliminar os criminosos; ao decepar a cabeça em um piscar de olhos, a guilhotina pretendia evitar todo sofrimento inútil.

– *Que horror!*

– Com certeza, ainda mais se formos ver a maneira descontrolada como foi empregada nos anos seguintes e mesmo (muito mais discretamente) até nossos dias, há apenas 25 anos. A pena de morte é repugnante, e já naquela época havia um deputado que exigia sua abolição, Robespierre, mas ele era uma voz isolada.

– *E os impostos?*

– As finanças, que haviam representado a principal causa de abalo da monarquia, também passaram por uma reformulação. Baseado nisso, foi proclamada a igualdade tributária e estabelecidas novas contribuições sobre a propriedade da terra, os bens mobiliários e o comércio, eliminando-se a gabela e os outros impostos impopulares. Os franceses não tiveram pressa em pagar, mas os deputados imediatamente encontraram uma forma de obter recursos, apelando à emissão de papel-moeda, ao qual deram o nome de *assignat* (uma espécie de bônus do Tesouro). Ele substituiu a moeda metálica – de ouro, prata ou outro metal – por notas que acabaram se desvalorizando com incrível rapidez, criando um enorme problema.

– *Mas esse papel não valia nada!*

– Não fique indignada: nossas cédulas também não valem nada, mas nós estamos acostumados com elas. Falando sério: no começo os *assignats* tinham a caução (quer dizer que seu valor era garantido) de uma riqueza considerável, ou seja, os bens do clero, que, como dissemos, representavam mais de 20% das terras do país. Um verdadeiro tesouro que os constituintes decidiram "nacionalizar", vendendo-o por partes em proveito da nação: uma operação gigantesca.

– *E isso estava certo?*

– Não há dúvida de que os membros do clero protestaram, assim como protestaram todos aqueles que eram contra a Revolução, visto que a riqueza do clero também se destinava à manutenção de hospitais e escolas. Para responder à pergunta central: "do que os padres vão viver dali em diante?", a Assembleia decidiu transformá-los em funcionários públicos assalariados, criando assim um clero nacional; com isso os prelados importantes saíam perdendo e muitos padres ganhavam, mas esse não era o problema mais grave. Ao se tornar funcionários, os párocos eram obrigados, pelo menos, a prestar um juramento de fidelidade "À nação, à lei e ao rei". Esse juramento cívico criava-lhes um problema de consciência, tanto mais difícil que a autoridade suprema da Igreja – refiro-me ao papa Pio VI, que ficava em Roma –, após ter demorado a se manifestar, havia condenado de maneira categórica os ataques à sua prerrogativa encarnados não apenas no juramento mas também nos princípios fundamentais da Revolução (as liberdades, sobretudo a liberdade religiosa e a laicização do Estado). Diante do juramento obrigatório, o clero dividiu-se: 51% prestaram o juramento e 49% se recusaram a prestá-lo; de um lado, os padres constitucionalistas ou ajuramentados (que aprovam a Constituição civil, isto é, a nova organização do clero), de outro, os padres refratários. É o que chamamos de cisma, uma ruptura profunda que divide não apenas o clero mas também a população. Pois o mapa dos "favoráveis" e dos "contrários" nos mostra uma França dividida, com regiões obedecendo ao Estado e outras violentamente hostis a ele, sobretudo no Oeste do país.

– *Hostis a quê?*

– Hostis à Revolução, em última análise: o conflito religioso é também um conflito político, e isso vai chegar até a revolta aberta nas províncias, notadamente na Vendeia (no litoral Atlântico, ao sul da Bretanha), onde mais tarde, em 1793, explodirá a guerra civil. Existem diversas outras causas também, mas a defesa da religião e da contrarrevolução vão se somar em um conflito feroz, marcado por massacres, sobre o qual voltaremos a falar.

Capítulo 4
A queda da monarquia

– *É a religião que faz a Revolução se desencaminhar?*

– Não é só ela, e é injusto acusar os revolucionários de haver cometido mais do que um excesso lamentável (como diríamos hoje), um enorme erro. Na verdade, nesse momento a chamada contrarrevolução já está ativa e organizada: os príncipes e nobres que partiram para o exterior conspiravam contra o novo regime organizando complôs no interior do país, apoiados pelos reis da Europa monárquica, muitos deles, aliás, primos dos Bourbon. É o caso, por exemplo, da Prússia, do imperador (da Áustria e do Santo Império Romano-Germânico, atual Alemanha), cunhado de Luís XVI por parte da irmã, Maria Antonieta, rainha da França, que era odiada e chamada de "austríaca", e sobre quem recaía a suspeita de influenciar o marido.

– *Não é um pouco injusto?*

– Havia uma porção de motivos, bons e maus, para não se gostar dela, e a suspeita não estava errada. Desde o início contrários à Revolução, sem deixar de manter as aparências, o rei e a rainha decidiram fugir, ajudados por uma rede de aristocratas: tendo partido no dia 20 de junho de 1791, deveriam alcançar a fronteira nordeste do país para, com o auxílio dos outros soberanos europeus, organizar a reconquista da França. Mas eles foram reconhecidos durante a viagem, detidos quando passavam pela cidadezinha de Varennes e conduzidos a Paris. Trata-se de uma crise importante que, de certo ponto de vista, marca uma virada na história da revolução.

– *Quer dizer que Luís XVI era tão burro a ponto de se deixar prender desse jeito?*

– Ele era, antes de tudo, um guloso. Imagine toda a família real escapando à noite do palácio pelos subterrâneos, todos disfarçados, em uma carruagem bem lenta. Depois o rei se atrasa comendo na hospedaria – diziam que ele gostava de comer e beber bem. E aí são reconhecidos e detidos pelo patriota Drouet... era noite de lua cheia... Muitos se puseram a especular: e se o rei não fosse tão guloso? E o que teria acontecido se a fuga tivesse dado certo? Existe na Revolução um movimento geral que reduz a importância dos acontecimentos propriamente ditos. Pode-se considerar que, de um modo ou de outro, a crise teria explodido. Será que os detalhes históricos são tão importantes?

– *Mas como as pessoas reagiram?*

– Os "políticos" da Assembleia ficam perplexos: bem no momento em que eles estavam acabando de redigir a Constituição, o rei falta seu compromisso! Eles restabelecem a relação com o fugitivo e o recolocam no trono, pois ele deverá dar sua aprovação (ratificação) ao texto deles. Porém, a cólera da população aumenta; para muitos, a imagem do rei está definitivamente comprometida, e do lado dos patriotas ganha corpo o projeto de destroná-lo para estabelecer uma república. Os clubes de Paris lançam uma petição: quando ela é apresentada no dia 17 de julho de 1791, as autoridades – o prefeito Bailly e Lafayette, comandante da Guarda Nacional – atiram nos manifestantes. Objeto de disputa de moderados e democratas que se reúnem no Clube dos Jacobinos e o controlam, o movimento revolucionário se divide entre os que desejam prosseguir a marcha da Revolução e os que desejam terminá-la.

Quando a nova Assembleia – que substitui a Constituinte com o nome de Assembleia Legislativa, encarregada de fazer as leis – se reúne no dia 1º de outubro de 1791, todos se veem diante de uma decisão crucial: que opção escolherá a Assembleia? A paz ou a guerra? Isso porque o imperador, o rei da Prússia e a czarina da Rússia haviam percebido o quanto era perigoso o exemplo revolucionário da França. Depois de Varennes, eles multiplicam as ameaças; a França está dividida: o rei e os contrarrevolucionários defendem a guerra, pois esperam que o país seja facilmente conquistado; os moderados (chamados de bernardinos, por causa do nome do antigo convento onde instalaram seu clube)

A Revolução Francesa explicada à minha neta

hesitam, pois sentem que se trata de uma armadilha. É no Clube dos Jacobinos que se enfrentam duas personalidades do movimento revolucionário: Brissot, jornalista e deputado, que assume na Assembleia a liderança dos "brissotistas" (mais tarde "girondinos") contra Robespierre, democrata respeitado, o "Incorruptível". O primeiro prega a guerra, para desmascarar a traição do rei e assegurar a expansão francesa na Europa; o segundo adverte contra os riscos da aventura. Quem leva a melhor na tribuna é Brissot: no dia 20 de abril de 1792, Luís XVI encaminha, por intermédio de seus ministros, a declaração de guerra ao imperador, que receberá o apoio do rei da Prússia (e da Rússia).

Como era de se esperar, o início da guerra foi desastroso...

– *Por quê? A França não era um país poderoso?*

– Ela estava profundamente dividida. Por causa da emigração, o exército real havia perdido a maioria de seus oficiais, estava desorganizado, e os batalhões de voluntários que haviam sido recrutados ainda eram inexperientes. As fronteiras foram ameaçadas e em pouco tempo invadidas.

A situação era dramática: os tumultos multiplicavam-se pelo país; acusavam-se os aristocratas, os emigrantes e os padres. O rei usava de artimanhas: em um dia se cercava de ministros jacobinos, para despedi-los no dia seguinte; os amigos de Brissot não sabiam para que lado se voltar, enquanto o povo endurecia suas posições – em Paris, é claro, mas também no restante do país. Batalhões de "federados" partiram de Marselha e de outros lugares em direção a Paris para montar um acampamento e defender a capital; vieram a pé, é verdade, mas vieram cantando! A canção que os provençais entoavam eternizou-se: é a *Marselhesa*, que exalta a liberdade e a pátria: "Avante, filhos da pátria, o dia glorioso chegou...". Em julho de 1792, houve uma proclamação nas praças públicas: "a pátria corre perigo". Quando os exércitos inimigos penetraram profundamente no Norte e no Leste da França, a raiva voltou-se contra o rei. A população de Paris tentara, em vão, intimidá-lo no dia 20 de junho de 1792, invadindo seu palácio. A segunda tentativa deu certo: no dia 10 de agosto de 1792, os federados, os soldados da Guarda Nacional e os revolucionários sitiaram o palácio real das Tulherias, que era defendido pelos guardas suíços...

– *Por que suíços?*

– Há muitos séculos a realeza recrutava sua guarda na Suíça (como o papa faz até hoje!). Embora tenham permanecido fiéis ao rei, esses soldados profissionais foram massacrados...

– *Mais violência! E o que aconteceu ao rei e a sua família?*

– Mas o ataque também fez muitas vítimas entre os patriotas. A monarquia constitucional foi derrubada pela força porque nunca aceitou, de verdade, a Revolução. Luís XVI e a família – a rainha Maria Antonieta e seus filhos – ficaram presos à espera do julgamento do rei. Mais uma reviravolta, dirá você...

– *De fato. Mas o que aconteceu? Foi o fim da realeza?*

– Sim. Uma monarquia de mais de mil anos chegava ao fim. Algumas imagens fortes sobressaem de imediato.

Em primeiro lugar, o povo é que sai vitorioso. Ele estava presente desde a Queda da Bastilha, e até antes. Mas agora ele está mais preparado e organizado, consciente de sua força. O *sans-culotte* parisiense (também presente no restante do país) se vê como representante do povo mobilizado em defesa da Revolução.

4. Um *sans-culotte*.

– Por que eles são chamados de "sans--culottes"?

– Porque a roupa deles é diferente: em vez do calção até o joelho e das meias usadas pelos burgueses e aristocratas, eles vestem uma calça (geralmente listrada) – é daí o apelido, inicialmente depreciativo, mas que depois será motivo de orgulho para eles. Vestem também um pequeno colete, a carmanhola, e trazem na cabeça o barrete frígio (uma boina vermelha) da liberdade com a insígnia...

– Carmanhola, isso não me é estranho...

– Lembra a Itália, de onde se originou, a cidade de Carmagnola, mas era uma roupa usada pela gente do povo. Ia me esquecendo: falta, na descrição, o sabre e o pique, uma lança com ponta de metal.

– Pensei que o pique fosse uma coisa da Idade Média... eles não tinham fuzil?

– Não havia fuzil em quantidade suficiente. O *sans-culotte* confiava nessa arma para defender sua liberdade e a dos outros. Ele é um militante que à noite participa das assembleias de bairro (as sessões), lê os cartazes e os jornais, o que não o impede de ser um bom pai de família e trabalhador...

Há um bom número de burgueses nessas assembleias – ou executivos, como diríamos hoje –, e também assalariados, mas pelo menos metade dos participantes, o núcleo duro, é composta por artesãos e pequenos comerciantes independentes. O *sans-culotte* está comprometido com a liberdade, a igualdade (não gosta dos ricos), a solidariedade e a virtude. Ele ama a pátria e luta pela democracia, que ele quer exercer diretamente.

Capítulo 5
A Primeira República

– *O povo venceu. É o fim da monarquia?*

– Não exatamente. Derrubada a realeza, o que fazer? A segunda imagem que se impõe é a da República. Em 1791, a ideia de República havia sido intensamente debatida, e muitos patriotas não acreditavam que ela fosse possível. Porém ela irá se impor a eles: em setembro de 1792 a Assembleia Legislativa se divide para preparar sua sucessão. Isso receberá o nome de Convenção, uma assembleia eleita desta vez pelo sufrágio universal, isto é, por todos os homens adultos.

– E as mulheres?

– Sinto muito, ainda não foi dessa vez. Aliás, não foi nada fácil organizar o voto, mas o princípio estava correto. Reunida em setembro de 1792, a nova Assembleia teve de tomar imediatamente uma decisão: que nome dar ao novo regime? Um momento de hesitação... e logo ele se impõe: no dia 21 de setembro, a República é proclamada. O patriota simples do interior se alegra: "É o regime mais natural para o gênero humano".

Faltava construí-la e, antes de mais nada, defendê-la: a terceira imagem é a de Valmy, uma pequena aldeia da Champanha, no Leste da França. Após terem conquistado as fortificações da fronteira, os inimigos – são prussianos – penetraram até Valmy. É um exército respeitado que, em memória do rei Frederico II que o transformou em um exército modelo, faz evoluções no terreno como se estivesse em uma parada. Diante dele, ao pé de um moinho, o exército francês: alguns regimentos antigos, outros formados por jovens voluntários completamente "verdes", como se diz. Será que, como acredita o outro lado, eles irão debandar? Um tiro de canhão. Impassíveis, eles gritam: "Viva a nação!". O rei da Prússia e seus generais não insistem e iniciam a retirada. Uma pequena batalha, é verdade, mas uma grande vitória. Goethe, o grande poeta alemão, que testemunhou a cena, escreveu que uma nova página se abria na história da humanidade. A festa da Federação de 1790 havia celebrado a Nação; Valmy faz surgir a Pátria, que não é exatamente a mesma coisa.

– *Qual é a diferença?*

– A Pátria é aquilo que trazemos no coração.

O povo, a República, a pátria... Já estava me empolgando! Na verdade, as coisas não vão nada bem, e logo vão ficar ainda piores.

A nova Assembleia, a Convenção, dividiu-se rapidamente em dois grupos rivais, embora, entre eles, muitos deputados do centro (chamado de "Planície") relutassem em tomar uma posição. A iniciativa coube inicialmente aos girondinos, os antigos brissotistas. Para simplificar: antes à esquerda, eles agora estavam à direita. Geralmente jovens e brilhantes, Brissot, Vergniaud, Guadet – acho melhor parar, você não vai conseguir guardar todos esses nomes –, são burgueses muitas vezes provenientes de importantes cidades portuárias mercantis, como Bordeaux, na Gironda, de onde veio o nome. Ligados à Revolução e a suas conquistas, eles agora queriam encerrá-la, com medo de serem ultrapassados pelo movimento popular dos *sans-culottes*, que domina Paris e as outras grandes cidades do país. Eles estão aterrorizados com os excessos desse movimento, que às vezes terminam em massacre (como o de Paris, em setembro de 1792), e, acima de tudo, com suas reivindicações sociais e políticas. Seus adversários, os partidários da Montanha, também são de origem burguesa, mas estavam convencidos de que a Revolução só daria certo caso se apoiasse no movimento popular e levasse em conta suas aspirações. Apesar do nome, eles não vêm de nenhuma região de montanha; o que acontece é que eles se instalaram nos bancos que ficavam na parte mais alta da sala onde transcorriam as sessões. Eles também contam com personalidades de destaques como Robespierre, Saint-Just e Marat. Mas voltaremos a falar deles.

A diferença entre eles surgiu na terrível provação representada pelo processo e condenação à morte de Luís XVI, executado no dia 21 de janeiro de 1793. Que destino deveria ter sido dado ao rei?

A Revolução Francesa explicada à minha neta

– *Ele não poderia ter sido simplesmente preso ou exilado, sem que se precisasse executá-lo?*

– Foram essas soluções que os girondinos tentaram defender por ocasião do grande debate que teve lugar na Convenção. Mas Luís XVI tinha traído o país e se correspondido com o inimigo... Os porta-vozes da Montanha disseram que se o rei permanecesse vivo a França estaria ameaçada: "É preciso que Luís morra para que a República viva", e seu ponto de vista saiu vencedor. A morte de Luís XVI na guilhotina, em 21 de janeiro de 1793, acabaria tendo sérias consequências.

Após a vitória inesperada em Valmy, os exércitos franceses tinham conquistado importantes vitórias no exterior. No Sul, haviam ocupado e anexado à França a Saboia e o condado de Nice, tomando-os do rei do Piemonte; no Norte, a Bélgica e parte da margem esquerda do Reno. Veio então a fase das derrotas, e no dia seguinte à morte do rei a Inglaterra, a Holanda e a Espanha se juntaram aos inimigos, formando o que ficou conhecido como a primeira coalizão: no verão de 1793, as fronteiras encontravam-se mais uma vez ameaçadas. É nesse momento que, na Vendeia, a Oeste do país, estoura a guerra civil a que já me referi de passagem. Rebelados em março de 1793 contra a República, os camponeses inicialmente obtêm vitórias importantes. Essas atribulações aumentavam a tensão nas cidades, sobretudo em Paris, onde o conflito entre girondinos e partidários da Montanha se agravava. Em poucas palavras, digamos que os girondinos não estiveram à altura dos perigos que tinham enfrentado quando desejaram a guerra. A aliança entre o Partido da Montanha e o povo das seções de Paris conduziu à jornada revolucionária de 2 de junho de 1793, quando a Convenção, sitiada pelos insurretos, decidiu deter e aprisionar os principais deputados da Gironda: é o que se chama de golpe de Estado – e esse também representa um momento importante na marcha da Revolução.

– *Isso mudou o quê?*

– Em primeiro lugar, a guerra civil piorou, pois os partidários dos girondinos sublevaram, por sua vez, cidades e regiões contra o que eles denunciavam como a ditadura de Paris sobre o restante do país. É o que ficou conhecido como insurreição "federalista" (em oposição ao centralismo da capital). A Normandia, Bordeaux, Lyon e Marselha se insurgiram, e Toulon, um porto do Mediterrâneo, rendeu-se aos ingleses... Depois foi preciso subjugar e até reconquistar Lyon e Toulon por meio de um cerco rigoroso; isso provocou represálias severas, por vezes execuções em massa e emigração. O sangue corre na República: para enfrentar todos esses perigos, as liberdades são suspensas, e é instalado um governo – o governo de salvação nacional – cuja arma será o Terror.

– Confesso que estou desorientada. A Revolução significava a liberdade e o fim das injustiças. Será que era preciso acontecer tudo isso?

– Continuamos com essa dúvida. Alguns acreditam que era uma decorrência natural – e, por assim dizer, fatal – do que acontecera desde 1789, e deveria levar à ditadura. Outros, entre os quais me incluo, avaliam que aqueles que assumiram suas responsabilidades e se apoiaram no movimento popular, como os partidários da Montanha, tiveram a coragem de enfrentar circunstâncias terríveis, e, a esse preço, salvaram a Revolução. Antes, porém, de lhes dar razão ou de desaprová-los, vejamos o que se passa.

A nova Assembleia, a Convenção, organiza um comitê de Salvação Pública do qual fazem parte os dirigentes da Montanha, Danton e, em julho de 1793, Robespierre, em um total de doze – como não é possível citar o nome de todos, mencionarei Saint--Just, bastante jovem, Couthon e Carnot, que torna-se responsável pelos exércitos. É um governo de salvação pública; assim, eles dispõem de plenos poderes. O governo retoma o controle do país, envia deputados a todas as regiões como "representantes em missão", apoiando-se nos Clubes Jacobinos locais e nos Comitês de Vigilância. Eles geralmente agiam com severidade, mas alguns entre eles abusaram do poder e implantavam uma política de Terror sanguinária.

– *O que é o Terror?*

– O Terror, que se tornou oficial durante certo tempo, é o instrumento usado para reprimir a contrarrevolução. Prendem-se os cidadãos considerados suspeitos e institui-se um Tribunal Revolucionário em Paris, que julga de maneira sumária e envia milhares de pessoas à guilhotina: depois do rei, a rainha Maria Antonieta, aristocratas, sobretudo, mas também negociantes ricos, padres e pessoas simples das regiões em conflito. Na Vendeia, quando chegou a hora da reconquista, "colunas diabólicas" de soldados republicanos incendiaram as aldeias e cometeram assassinatos. Quantos mortos? Na guilhotina, sem dúvida por volta de dezesseis mil, mas as execuções coletivas devem aumentar bastante esse número. Aproximadamente 130 mil só na Vendeia, embora se diga que foi muito mais.

É a parte sombria e mesmo terrível desse período da Revolução, mas é preciso levar em conta o outro lado dessa política.

O governo revolucionário foi obrigado a atender às necessidades mais urgentes da população: a escassez de víveres, a alta dos preços, a miséria. Ele aplicou a solução autoritária exigida pelos porta-vozes do povo, o tabelamento, ou seja, um preço máximo para o pão, depois para todos os gêneros alimentícios e mais tarde também para os salários, o que não agradou tanto aos operários. Confiscou, enviou contingentes do exército revolucionário para vasculhar as fazendas... Essa política alcançou certa eficácia.

– *E a guerra? Será que ela continua?*

– Sim, e para apoiar o esforço de guerra nas fronteiras, que era sua preocupação, o governo revolucionário abriu fábricas de

Michel Vovelle

sapatos e roupas, manufaturas de armas e fundições de canhões.

Ele também pôs em prática uma política social para cuidar dos menos favorecidos, dos indigentes e das viúvas dos soldados, aos quais procurou assistir. Na primavera de 1791, Saint-Just submete à votação a distribuição dos bens dos suspeitos para as pessoas mais miseráveis das comunas. Deveria ser aberto um grande livro de registro... mas não houve tempo para aplicar a medida: após a venda dos bens do clero (e dos emigrados), essa teria sido a mais audaciosa das transformações sociais.

Acontece que Robespierre e seus amigos não são tiranos sanguinários; além do fato de terem reagido às circunstâncias, eles têm um grande ideal: fundar a República regenerando seus cidadãos. Eles tentam implantar uma pedagogia republicana por meio de textos e do discurso. Não perdem de vista a construção do ideal democrático: e é durante esse período que a Convenção decreta o fim da escravidão nas colônias francesas, dando continuidade à mensagem de emancipação da Declaração dos Direitos do Homem. Esse é um assunto que eu não tinha abordado, pois há tanta coisa para dizer...

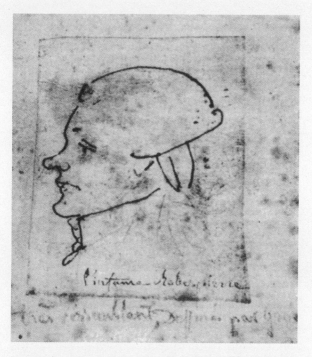

5. Esboço de Robespierre feito ao vivo. (Desenho de Gros.)

Imagine também que a Convenção teve a ousadia de tentar modificar inteiramente o tempo e o espaço...

– *Isso quer dizer o quê?*

– Em relação ao espaço? Antes de 1789, havia mil e uma maneiras de medir, pois cada região media as superfícies e os volumes de acordo com suas tradições. A Convenção encarregou os cientistas de criar um instrumento de medida único, universal, válido para todos: surgiu então o metro, a décima milionésima parte de um quarto do meridiano terrestre...

– *Tenha dó, já não estou entendendo mais nada... Qual é a importância disso?*

– Sem entrar em detalhes, digamos que se trata de uma medida que se refere, teoricamente, ao espaço terrestre. Com o metro, as superfícies e os volumes foram uniformizados em termos de comprimento: é o que conhecemos como sistema métrico (e decimal que, apesar da resistência dos anglo-saxões, impôs-se em todo o mundo. É claro que na França também houve resistência. Nesse terreno, porém, a Revolução saiu vitoriosa; mas isso não aconteceu com a reforma do tempo. Os convencionais quiseram "laicizar" sua medida eliminando a

A Revolução Francesa explicada à minha neta

referência ao calendário cristão, com suas festas, santos e duração da semana. O calendário republicano dividia o ano em meses de trinta dias, cada um com três décadas (e um pequeno acréscimo de cinco dias no final...). Eles deram nomes bastante poéticos aos meses, relacionando-os à natureza e às estações: vindemiário (setembro, que no hemisfério Norte é o mês das colheitas ou vindimas); brumário (outono no hemisfério Norte, época das brumas); frimário (novembro-dezembro, período em que, no hemisfério Norte, ocorrem as geadas e o tempo esfria)... Você pode se exercitar tentando descobrir o significado de cada um deles, assim como o significado dos nomes dos dias, também inspirados nos trabalhos do homem e da natureza. Os anos eram contados a partir dos primórdios da República, em setembro de 1792: ano I, ano II, até o ano XIV, quando o imperador Napoleão suprimiu o sistema e retomou o calendário cristão.

– *Você parece que tem saudade desse calendário.*

– Sinto carinho por ele. Em vez de sonhar, porém, é preciso reconhecer: esse fracasso representa também o fracasso de outra aventura, a da descristianização tentada no

Michel Vovelle

ano II. Ela assume um lugar à parte no período do Terror, pois não era, propriamente falando, uma iniciativa do governo de salvação pública. Não que a religião existente gozasse de grande simpatia: desde a divisão da Igreja – o cisma – em 1791, os padres refratários haviam sido considerados suspeitos e deportados, cúmplices da aristocracia. Em Paris e em certas regiões havia um profundo anticlericalismo. No outono de 1793, cidades inteiras resolveram se "livrar dos padres" e criar suas próprias "igrejas". Em Paris, o bispo Gobel apresentou-se perante a Convenção para renunciar à sua condição de sacerdote, e a catedral, transformada em templo da Razão, acolheu a cerimônia onde a deusa Razão era representada por uma atriz... No interior, o movimento espalhou-se por todo o país: o mais espetacular eram as "abdicações" dos padres – talvez vinte mil – e os desfiles de carnaval com os objetos sagrados. Com um êxito desigual, o processo de descristianização era levado a cabo por militantes revolucionários progressistas, os mesmos que, por outro lado, defendiam as medidas políticas e sociais radicais. Mas, na Convenção, Robespierre e seu grupo não eram da mesma opinião: eles recusavam o ateísmo (isto é, a rejeição de todas as religiões) que estava por trás do culto da Razão. Assim como a maioria de seus contemporâneos, Robespierre continuava "deísta", pois, para ele, era fundamental a existência de um Ser supremo capaz de recompensar os bons e punir os maus para que a Virtude triunfasse. Essa virtude era a única justificativa para aplicar o Terror: pois, o que é o Terror sem a virtude? Você entende seu raciocínio, ou melhor, sua crença?

– *Estou tentando, mas não percebo como isso pode acabar... O que ele vai fazer?*

– Robespierre conseguiu aprovar na Convenção o reconhecimento da imortalidade da alma, o que desagradou a muita gente. No dia 8 de junho de 1794, ele celebra em Paris e em toda a França a festa do Ser supremo, sem dúvida uma das mais belas de toda a Revolução, e sua apoteose... mas seu destino já estava traçado.

– *Como assim?*

– É preciso voltar um pouco no tempo: o vigor do Comitê de Salvação Pública preservou as fronteiras, os exércitos republicanos retomaram a ofensiva e a ordem foi restabelecida na França. Para isso, porém, foi preciso

Michel Vovelle

controlar o movimento popular dos *sans-culottes*, suprimir suas assembleias e afastar seus líderes mais destacados, os hebertistas (receberam esse nome por causa de Hébert, um jornalista popular): foram acusados de conspiração e executados em março de 1794 (Ventoso, ano II). Para conseguir isso, Robespierre teve de contar com o apoio dos "Indulgentes", um grupo que, ao contrário, considerava que a Revolução tinha ido longe demais e era preciso pôr fim ao Terror. O mais famoso deles, Danton, acabará, por sua vez, sendo julgado pelo Tribunal Revolucionário e depois executado. É o que se chama a queda das "facções". O mecanismo do Terror acelera-se; a guilhotina faz um número cada vez maior de vítimas, enquanto muitos desejam o fim da Revolução. Saint-Just escreve: "A Revolução está paralisada".

– *Mas você não disse que ele era amigo de Robespierre?*

– E um amigo fiel: em torno do "Incorruptível", porém, os lugares vão ficando vazios. Os moderados da Convenção estão desanimados; os deputados corruptos ou por vezes comprometidos com os excessos do Terror temem pela própria vida. Eles preparam uma conspiração contra Robespierre e seus aliados: no dia 9 de Termidor, na Assembleia, impedido de falar, o "Incorruptível" tem sua prisão decretada. Poucos permaneceram fiéis a ele. Com seus partidários, ele é guilhotinado no dia 10 de Termidor. Desaparece um importante personagem e todo um período da Revolução chega ao fim.

– *Apesar do Terror e de todo o sangue derramado, você tem pena dele?*

– Sim, porque ele não foi um ditador como disseram. Com a convicção e a retidão de "Incorruptível", ele foi a alma da Revolução em sua fase mais terrível. A Revolução com os *sans-culottes*, isto é, com o povo, enquanto foi possível: quando a ligação se rompeu, ele não tinha mais razão de viver.

Capítulo 6
O Diretório: terminar a Revolução?

– E então, a Revolução acabou?

– Não, vamos entrar na segunda fase da Revolução; tão longa quanto a primeira, ela vai de 1795 a 1799. Como já está ficando tarde, vamos analisá-la rapidamente. Não vá pensar que é porque ela me agrade menos, o que seria injusto com ela (e talvez comigo). Do fim da Convenção, após o Termidor, ao regime seguinte, o do Diretório, o objetivo foi sair do Terror, encerrar a Revolução: para alguns, por um retorno à ordem que preserve as conquistas, ao menos parcialmente; para outros, realistas e contrarrevolucionários, por uma volta ao passado. Outros ainda, ao contrário, sonham com uma revolução nova e diferente.

Nem todos os deputados que derrubaram Robespierre eram reacionários, mas eles liquidaram o sistema de governo revolucionário e trabalharam em prol da estabilização do regime. Tiveram de enfrentar situações de emergência; à esquerda, podemos dizer, os *sans-culottes* parisienses, impacientes com a miséria e a escassez que haviam retornado no ano III (1795), rebelaram-se pela última vez, exigindo também uma Constituição democrática: esmagados e desarmados, foi o fim do movimento popular de massa.

– E ninguém reagiu?

– Diante disso, tanto em Paris como no restante do país, desencadeou-se um movimento violento de reação contrarrevolucionária: foi o chamado Terror branco, tendo à frente bandos de jovens, os "almofadinhas", que realizaram expedições assassinas contra os patriotas, chamados de terroristas. Para vingar os excessos do passado, foram cometidos massacres no Sul, de Lyon a Marselha, e na Provença. Apoiando essa reação, os padres emigrados voltavam e retomavam o culto. Os realistas tentaram uma sublevação em Paris, mas foram esmagados (Vindemiário, ano IV – outubro de 1795). Enquanto isso, a Convenção, atacada em duas frentes, concluiu diversas reformas na área da educação e da cultura e, sobretudo, elaborou a Constituição, conhecida como Constituição do ano III (1795). Na Declaração dos Direitos e dos Deveres, a igualdade não está mais na ordem do dia; as novas instituições procuram afastar qualquer perigo de uma nova ditadura e assegurar a dominação dos notáveis. Existem agora duas assembleias, o Conselho dos Quinhentos e o Conselho dos Anciãos, que dividem a tarefa de produzir as leis; e o Poder Executivo (de governo) está dividido entre cinco diretores, trocados periodicamente. Sabe com que objetivo?

– *Acho que é para que nenhum domine os outros... Mas não é um exagero deixar as decisões nas mãos de cinco pessoas?*

– Sem dúvida: por causa das precauções, criou-se um sistema em que não havia árbitro em caso de conflito – entre as duas assembleias e os diretores, por exemplo.

A solução foi a prática de golpes de Estado, isto é, provas de força em que os diretores anulavam a eleição de uma nova câmara, ou, inversamente, em que esta destituía os diretores. Viu-se nisso um defeito de origem que criava uma espécie de fatalidade; na verdade, porém, o que essa instabilidade revelava era a profunda inquietação de um mundo que não havia reencontrado sua estabilidade.

A regulamentação econômica do ano II foi suprimida: a sociedade da época do Diretório deixou a imagem do contraste entre a miséria de muitos, quando os preços explodem com a inflação do papel-moeda, e a riqueza arrogante de uns poucos, que se aproveitam da liberdade reencontrada: foi a dita "festa do Diretório". Os jovens ricos, os "almofadinhas", com suas acompanhantes, as "maravilhosas", levam uma vida de diversão e se vestem de maneira extravagante. Uma espécie de *dolce vita*, com novos-ricos e políticos corruptos.

A autoridade do Estado está comprometida: os impostos não são pagos, assim como os salários. Uma onda de assaltos toma conta da zona rural, tanto nas estradas importantes quanto nas fazendas. Os dirigentes do Diretório ficaram com uma

A Revolução Francesa explicada à minha neta

reputação medíocre, talvez com a imagem de Barras, um dos diretores mais corruptos, mas esses burgueses moderados continuavam republicanos: lutaram em duas frentes. À esquerda estavam reunidos os jacobinos democratas, como Gracchus Babeuf, que organizou a "conspiração dos iguais". Seu programa era tomar o poder para implantar uma sociedade onde a terra pertenceria a todos e a repartição da produção seria feita de maneira igualitária. Babeuf e seus amigos foram executados ou se suicidaram. Um deles sobreviveu, vindo a escrever mais tarde a história da conspiração: é o seu compatriota Filipo Buonarotti.

– *Não o conheço. O que ele fez depois disso?*

– Eterno conspirador, na Itália, na Europa e na França, marcou presença até 1830, um verdadeiro mestre-escola da Revolução.

Não se esqueceu o sonho de uma outra revolução, que seria a última: a da Igualdade. Sem partilhar das ideias de Babeuf, os jacobinos reconstituíram os clubes e os círculos constitucionalistas, concorrendo nas eleições contra o poder, sobretudo contra os realistas. Estes erguiam novamente a cabeça, aproveitando o retorno dos padres refratários e dos bandos de assassinos...

– Que horror!

– ...em toda uma região da França, eles trucidavam os patriotas, mas também se aproveitavam das eleições anuais para crescer: em Frutidor do ano V (setembro de 1797), eles acharam que tinham vencido, mas os membros do Diretório, apoiados pelos generais, anularam as eleições com o golpe de Estado de 18 Frutidor, reiniciando a perseguição aos realistas... Livres para, no ano seguinte, se voltar contra os jacobinos, que, por sua vez, haviam saído vencedores. Nesse jogo, quem acabou ganhando foram os deputados, que, no ano VII, destituíram os membros do Diretório: nessa data, porém, já era quase tarde demais...

– Por quê?

– Estamos chegando ao fim. Antes, porém, vamos dar um giro pela Europa na esteira dos exércitos republicanos. Graças às vitórias dos soldados no ano II, o Diretório herdou uma situação melhor diante dos vizinhos: fronteiras desobstruídas, Bélgica e Holanda ocupadas, paz com a Prússia (1795). Sobrava o imperador da Áustria, que desejava atacar pela Alemanha e acabou sendo atacado pela Itália, onde ele possuía o Milanês. Você conhece essa história?

– *Um pouco... Não é aí que aparece o general Bonaparte?*

– De fato, após o esforço do ano II, os exércitos franceses encontram-se desgastados, mal pagos, desestimulados. O exército da Itália foi confiado a um jovem general, Bonaparte – inicialmente era uma frente sem importância, pois, em Paris, os membros do Diretório estavam mais preocupados com a fronteira norte, que eles queriam estender até o Reno para dar à França suas fronteiras naturais. E não é que no Vale do Pó Bonaparte revela seu gênio militar com uma série de brilhantes vitórias sobre os austríacos? Quando tinha a sua idade, eu recitava de cor: "Montenotte, Dego, Millesimo, Mondovi, Lodi...", até Mantova e muito mais. Era assim que a gente aprendia, e era gostoso. Naquela época a Itália era um mosaico de Estados; é claro que isso você conhece melhor que seus colegas franceses. Fortalecido pelas vitórias, Bonaparte desprezou as ordens do Diretório e criou no Vale do Pó a República Cisalpina, negociando um acordo diretamente com os austríacos, em Leoben e Campoformio (outubro de 1797), que reconhecia essa "república irmã". Na verdade, a primeira tinha sido a República Batava, isto é, a Holanda, em 1795; mas é na Itália (e na Suíça) que, por iniciativa de Bonaparte – e depois de outros generais, quando ele partiu para a aventura tresloucada da conquista do Egito –, vemos se multiplicar as "irmãs" da Grande Nação, como se gosta de dizer: República de Gênova (ou Liguriana), República Romana (1798) e República Napolitana (1799). Acrescentemos também a República Helvética, que compreende os cantões suíços. Essa aventura tem aspectos gloriosos e outros nem tanto. Para o Diretório, inicialmente pouco entusiasmado, a expansão é um meio de aumentar a arrecadação com os países ocupados e saquear seus tesouros: a guerra deve sustentar a guerra, e estamos muito longe do ideal de libertação dos povos, sujeitos à arbitrariedade dos generais e dos comissários do Diretório.

Vistas de perto, quero dizer, nos países europeus atingidos pelo impacto da Revolução, as reações variaram de acordo com o momento, a proximidade ou a distância, a condição social e cultural e, claro, as pró-

A Revolução Francesa explicada à minha neta

prias condições em que se deu o contato: anexação, ocupação ou repercussão distante...

– *É meio complicado, não? Você poderia me dar alguns exemplos?*

– Tem razão. No início, se voltarmos aos primeiros anos da Revolução, ela teve uma acolhida favorável nas elites da Inglaterra, Alemanha e Itália – entre a burguesia, por vezes a pequena nobreza e, sobretudo, entre os intelectuais, como diríamos hoje. A Queda da Bastilha foi comemorada e a França revolucionária surgia como uma grande esperança, "o raiar do sol", como escreveu o filósofo alemão Fichte. Posteriormente, o recrudescimento da situação, o Terror e a morte do rei provocaram medo, que foi explorado pelos reis e pelos meios reacionários. Sempre fiéis ao ideal revolucionário, os "jacobinos" europeus constituíram uma minoria em muitos lugares, por vezes um punhado de conspiradores que eram perseguidos antes de ser executados (em Viena, na Áustria, na Hungria... na Itália antes da chegada dos franceses). Nos lugares em que implantou repúblicas irmãs, a França manteve o controle dos governos, exportando sua Constituição e suas instituições... com tudo que isso podia representar de avanço em termos de direitos; mas essa liberdade controlada, misturada às violências da guerra, da ocupação e dos saques, podia ter um sabor amargo. Os jacobinos locais, colocados na posição de "colaboradores" dos franceses, geralmente tiveram uma tarefa "heroica". Mas é nessas condições que as novas ideias germinaram nesses países: na Itália, por exemplo, onde a aspiração à unidade nacional irá desabrochar no século seguinte com o *Risorgimento* (renascimento).

– E como reagiu o povo?

– Entre a população humilde das cidades e do campo, em geral bastante dependente de seus senhores, mas também do ambiente religioso, o que predominou na maioria dos casos foi uma reação de resistência. Essa história tem de ser analisada caso a caso: vou limitar-me a pegar um exemplo de seu país, o reino de Nápoles, no sul da Itália. O rei Ferdinando, um déspota reacionário, foi perseguido no final de 1798 por aquela que foi a última das repúblicas irmãs, a República Napolitana. Mas os patriotas locais eram em pequeno número e as tropas fran-

A Revolução Francesa explicada à minha neta

cesas os haviam abandonado antes mesmo que eles tivessem tempo de se impor. Em Nápoles, o povo humilde dos "lazzaroni" (pobres, mendigos e marginalizados) nunca fora realmente submetido; assim, quando um cardeal fez que a zona rural do interior se revoltasse, a onda "sanfedista" (defensores da fé) invadiu a capital e um grande número de jacobinos foi assassinado. Isso porque nessa ocasião, 1799, a Inglaterra, a Áustria, a Rússia e até os turcos haviam formado uma nova coalizão contra a França. Na ausência de Bonaparte (então no Egito), todo o castelo de cartas das repúblicas veio abaixo, e a França se viu de novo ameaçada...

– *Mas o que estava acontecendo com a Revolução na França?*

– Podia se ter a sensação de que as "resistências" também estavam ganhando, sobretudo na zona rural, onde a autoridade do Estado era cada vez mais fraca e contestada. Diante da ameaça, o sentimento revolucionário parece que despertou e, em 1799, as eleições às assembleias deram a vitória à esquerda, que expulsou os membros do Diretório que estavam no poder. Mas a burguesia, que fizera a Revolução e se aproveitara imensamente dela, sentia-se ameaçada, e um de seus representantes fez a seguinte afirmação: "Como sou proprietário, preciso de um rei". Isto é, para garantir meus bens e meus benefícios, especialmente os que a Revolução me proporcionou. Mas se fazia cinco anos que o rei estava morto e era impossível a volta do Antigo Regime, onde achar um rei?

– *Acho que eu tive uma ideia... Não seria por acaso aquele jovem general?*

– Vejo que você está bem familiarizada com a nossa aventura! De fato, de volta à França, Bonaparte é visto como o salvador por toda uma facção (onde reencontramos Sieyès, tanto no começo quanto no fim da Revolução), mas também por um grande número de capitalistas. Ele, por sua vez, prepara o golpe de Estado, um golpe de Estado militar que acontece no dia 18 Brumário do ano VIII (9 de novembro de 1799), após o que os deputados são afastados e ele assume o cargo de primeiro cônsul. Um poder que ele vai consolidar entre 1800 e 1804, até se tornar imperador.

A Revolução Francesa explicada à minha neta

– *Então é o fim da Revolução?*

– Sim e não. Lá na Itália, vocês associam os anos revolucionários aos da dominação napoleônica, até 1815, o que chamam de *"età napoleonica"* – a época napoleônica –, e não é por falta de conhecimento histórico. O que significa que, de certo modo, Bonaparte deu continuidade ao momento revolucionário. Ele consolidou conquistas fundamentais em detrimento daquilo que era a principal conquista, a liberdade. Mas a ideia não estava morta, ela avançou, e isso, sem dúvida, é a herança da Grande Revolução.

Conclusão
A sombra e a luz
da Revolução

– *Vovô, por que você ama a Revolução, se você mesmo fala dos massacres e da violência e se, afinal, diz que ela morreu?*

– A Revolução é feita de sombra, mas, acima de tudo, de luz. Ela foi de uma enorme violência, por vezes descontrolada e selvagem, por vezes necessária para enfrentar um mundo antigo que se defendia ferozmente. Também nisso ela permanece como um importante alerta para que fiquemos atentos, pois essa violência continua à solta. Mas foi, e continua sendo, a base para uma enorme esperança, a esperança de mudar o mundo, eliminando as injustiças, em nome das luzes da razão e não de um fanatismo cego. Como se inscreveu na história em um momento determinado da evolução das forças econômicas, sociais e culturais, sabemos que seu êxito teve origem na união das aspirações da burguesia e das classes populares. E, por causa disso, percebe-se bem tudo o que fica faltando: a conquista da igualdade pela mulher, a ratificação do fim da escravidão, mas, sobretudo, a eliminação das desigualdades sociais, no momento mesmo em que, ao desferir o golpe derradeiro no feudalismo, ela estabelece as bases sobre as quais irá progredir a sociedade liberal, do século XIX até os dias de hoje.

– *Você acredita que para nós, jovens, que a vemos de tão longe, ela ainda tem sentido?*

– Essa Revolução na história continua sendo, também, a nossa Revolução, e é por isso que eu a amo. Meu mestre Labrousse referia-se a ela como "a revolução das antevisões". É ela que chamou de desejos seus o *Manifesto dos iguais* de Babeuf, ao anunciar outra revolução que seria a última, a da Igualdade. Conhecemos, daí em diante, outras revoluções que se diziam igualitárias, na Rússia e em outros lugares, e delas nos restou o gosto amargo de um terrível fracasso. Mas o sonho e a necessidade de mudar o mundo continuam intactos. Pela história da Revolução Francesa, é essa mensagem que transmitimos a vocês, e a qual deverá ser transmitida às futuras gerações.

SOBRE O LIVRO

Formato: 12 x 21 cm
Mancha: 19 x 39,5 paicas
Tipografia: Iowan Old Style 12/17
Papel: Off-white 80 g/m² (miolo)
Cartão Supremo 250 g/m² (capa)
1ª edição: 2007

EQUIPE DE REALIZAÇÃO

Edição de Texto
Adriana de Oliveira (Copidesque)
Nair Kayo (Revisão)
Kalima Editores (Atualização ortográfica)

Editoração Eletrônica
Edmílson Gonçalves (Diagramação)

As ilustrações de 1 a 5 foram extraídas do *Almanach de la Révolution Française*, Jean Massin, Le club français du livre, 1963.

Rua Xavier Curado, 388 • Ipiranga - SP • 04210 100
Tel.: (11) 2063 7000 • Fax: (11) 2061 8709
rettec@rettec.com.br • www.rettec.com.br